COMUNICAZIONE ASSERTIVA ED EFFICACE 3.0

MANUALE COMPLETO SU COME COMUNICARE IN MODO EFFICACE ED ESPRIMERSI SENZA TIMORE. TECNICHE SU COME DIRE CIO' CHE SI PENSA IN OGNI CIRCOSTANZA

Nicola Carbone

Copyright © 2021 di Nicola Carbone

Nota Legale

Le informazioni contenute in questo libro e i suoi contenuti non sono pensati per sostituire qualsiasi forma di parere medico o professionale; e non ha lo scopo di sostituire il bisogno di pareri o servizi medici, finanziari, legali o altri che potrebbero essere necessari. Il contenuto e le informazioni di questo libro sono stati forniti solo a scopo educativo e ricreativo.

Il contenuto e le informazioni contenuti in questo libro sono stati raccolti a partire da fonti ritenute affidabile, e sono accurate secondo la conoscenza, le informazioni e le credenze dell'Autore. Tuttavia, l'Autore non può garantirne l'accuratezza e validità e perciò non può essere ritenuto responsabile per qualsiasi errore e/o omissione. Inoltre, a questo libro vengono apportate modifiche periodiche secondo necessità. Quando appropriato e/o necessario, devi consultare un professionista (inclusi, ma non limitato a, il tuo dottore, avvocato, consulente finanziario o altri professionisti del genere) prima di usare qualsiasi rimedio, tecnica e/o informazione suggerita in questo libro.

Usando i contenuti e le informazioni in questo libro, accetti di ritenere l'Autore libero da qualsiasi danno, costo e spesa, incluse le spese legali che potrebbero risultare dall'applicazione di una qualsiasi delle informazioni contenute in questo libro. Questa avvertenza si applica a qualsiasi perdita, danno o lesione causata dall'applicazione dei contenuti di questo libro, direttamente o indirettamente, in violazione di un contratto, per torto, negligenza, lesioni personali, intenti criminali o sotto qualsiasi altra circostanza.

Concordi di accettare tutti i rischi derivati dall'uso delle informazioni presentate in questo libro.

Accetti che, continuando a leggere questo libro, quando appropriato e/o necessario, consulterai un professionista (inclusi, ma non limitati a, il tuo dottore, avvocato, consulente finanziario o altri professionisti del genere) prima di usare i rimedi, le tecniche o le informazioni suggeriti in questo libro.

Tabella dei contenuti

Introduzione

Essere aggressivi è sbagliato.

Subire e piegare la testa è controproducente, nonché dannoso per la nostra autostima.

«Partire in quarta» al minimo contrattempo provoca scoppi d'ira ingiustificati e fuori luogo – *insomma, quante volte ci rendiamo conto subito dopo che non ne valeva davvero la pena?*

La comunicazione tra due o più parlanti è un affare spinoso. Implica un'assunzione di responsabilità e un dialogo basato sulla comprensione e l'ascolto reciproci.

L'unica via di mezzo per restare a galla e cavartela con successo nelle situazioni più critiche – sul posto di lavoro e non solo – consiste nell'essere assertivi. *Mio caro lettore*, voglio introdurti a questo libro con un'attestazione d'ignoranza: la parola assertività non ha mai fatto parte del mio vocabolario. Il motivo credo sia riconducibile a due ragioni principali: da un lato sono sempre stato estremamente timido e introverso e, dall'altro, non ho mai nutrito fiducia in quell'insieme di tecniche anti-procrastinazione di cui siamo bombardati noi occidentali d'Europa, figli di Internet e del progresso. Ci sono voluti trentasette anni di vita per farmi capire che l'assertività – o per meglio dire, il vasto universo della comunicazione efficace – è tutto fuorché un insieme di trucchetti e di abitudini da usare per essere *più* efficiente, *più* simpatico, *più* reattivo in ufficio, *più, più, più.* È in realtà un tema estremamente dibattuto nel campo della ricerca psicologica a noi contemporanea perché mira a renderci felici e soddisfatti. La frustrazione è la grande nemica del nostro tempo. Nonostante il mondo sia a portata di click e di tap, e la realtà si declini a colpi di likes e di share, rimane il fatto che l'essere umano sia governato da bisogni basici e, oserei dire, primitivi. Di conseguenza, a tutti può accadere di adottare atteggiamenti non adeguati alle varie situazioni sociali in cui siamo calati. In un momento di stress lavorativo o d'insoddisfazione affettiva potremmo aggredire o essere aggrediti dagli altri. Il pensiero che scatta in automatico è allora in seguente: «mi sono comportato bene oppure avrei potuto reagire in modo diverso e più pertinente?».

La *pertinenza*, lo scopriremo nel corso del nostro viaggio, è lo strumento di cui servirci per dischiudere un orizzonte etico, ovverosia per valutare la bontà (o meno) delle nostre reazioni. In altre parole, una carenza di competenze relazionali genera ansia sociale, disagio e bassa autostima. La stragrande maggioranza delle persone incontrate nel corso della mia vita crede di poter liquidare la faccenda con un gesto della mano o un'alzata di spalle. «Ma chi, io? Difficoltà relazionali? Ma va, sono la persona più pacifica al mondo!» - è quello che mi sento ripetere. Eppure, ti assicuro che il *training assertivo* è un percorso di miglioramento che anticipa qualsiasi grande obiettivo ti sei prefissato. Se non sarai in grado di esprimere i tuoi bisogni, difficilmente potrai compiere passi in avanti.

La domanda sorge dunque spontanea: cos'è l'assertività? Non rischia forse di essere una tecnica comunicativa basata sull'aggressività e sulla tendenza a forzare la volontà delle altre persone? L'idea di affrontare i problemi *vis a vis* ci rende nervosi e potenzialmente esposti a litigi. Ti assicuro, però, che non è così. Se per esempio lasciassi un biglietto al tuo coinquilino per comunicargli che non hai avuto tempo di pulire il bagno e di buttare la spazzatura, potresti apparentemente credere di essere mite e educato. Tuttavia, la realtà dei fatti è ben diversa! La nota scritta rapidamente sul post-it non ammette repliche ed è dunque annoverabile tra le azioni aggressive. Instaurare un dialogo costruttivo con l'interlocutore, spiegandogli il motivo per cui non sei riuscito a portare a termine i tuoi compiti, è il modo migliore per appianare le incomprensioni.

Mio caro lettore, voglio subito renderti partecipe della regola aurea della comunicazione efficace: <u>molto spesso,</u>

<u>si è più aggressivi se si decide di evitare il conflitto.</u> Ecco svelato il motivo per cui, troppo spesso, trasformiamo un innocuo *misunderstanding* in una guerra punica, danneggiando irrimediabilmente la fiducia e la stima che nutriamo per le persone che vivono, lavorano e si divertono intorno a noi. In uno scenario di questo tipo, è dunque necessario apprendere un comportamento alternativo, una terza via. Definiremo «assertivo» questo tentativo equilibrato e sostenibile nel lungo periodo. Tra tecniche di miglioramento personale, consigli desunti dai grandi libri della psicologia, aneddoti personali e un po' di sana ironia – che non fa mai male – non vedo l'ora di condurti in un viaggio comunicativo che tende a sovvertire qualche (falso) mito di troppo.

Nello specifico, ci occuperemo di:

- Gestire **l'aspettativa** in modo positivo, tenendo a freno le richieste e le smanie delle altre persone.
- Accettare **il giudizio degli altri** per stringere un rapporto di stima e fiducia prima di tutto con noi stessi.

- Tenere a freno **l'orgoglio** e servirci della **forza di volontà** per superare i grandi ostacoli comunicativi.

- **Stop all'invidia!** Le tecniche che (forse) non conosci per perseguire i tuoi obiettivi a testa alta!

- Il piano di 30 giorni per modificare il tuo comportamento abitudine dopo abitudine, tassello dopo tassello. Voglio spiegarti nel dettaglio come individuare il tuo **stile comunicativo** e riconoscere in meno di cinque minuti quello di uno sconosciuto!

In aggiunta, il libro che stringi tra le mani è parte di un progetto editoriale che mira a fornirti tutte le informazioni di cui hai bisogno per trasformarti nella *versione migliore di te stesso*. Ho dato alle stampe altri due manuali per padroneggiare i segreti del linguaggio del corpo e comprendere le dinamiche della suggestione mediante lo studio della psicologia oscura. La comunicazione assertiva si colloca, di conseguenza, in un orizzonte di miglioramento personale volto a fornirti delle <u>soluzioni pratiche e tangibili</u> ai problemi che affronti quotidianamente. Per dirlo con le parole di Malcom X:

«nessuno ti regalerà libertà, giustizia o rispetto. Devi andare a prendertele».

Hai voglia di metterti in gioco e di risollevare la testa?

Buona lettura,

Nicola Carbone

Capitolo 1 – Sull'assertività, l'arte del farsi rispettare

Gli studi incentrati sulla *comunicazione non verbale* mettono d'accordo tutti gli psicologi sociali del nuovo millennio: l'essere umano che intende veicolare atteggiamenti di ostilità, superiorità, ammirazione o amicizia si serve del proprio <u>linguaggio del corpo</u>, e non di quello verbale. Quest'ultimo è *quattro volte meno efficace* della trasmissione somatica. Ne deriva che la funzione cardine del comportamento non verbale sia l'espressione di stati mentali e/o emozionali tra due o più parlanti. Nel manuale **LINGUAGGIO DEL CORPO 3.0** - MANUALE

COMPLETO SULLA COMUNICAZIONE NON VERBALE. TECNICHE PRATICHE PER DECIFRARE, IN POCHI SECONDI, LE ESPRESSIONI, I GESTI E I MOVIMENTI DELLE PERSONE, ho condiviso con i miei lettori molteplici spunti di riflessione per superare la «paura dell'estraneo» e incrementare le abilità relazionali. Il primo passo da compiere consiste nel riconoscere lo *stile di comunicazione* del nostro interlocutore: la mimica, il tono della voce, la posizione dei piedi ed eventuali micro-espressioni facciali possono fornire un quadro primitivo – che in gergo tecnico viene definito <u>cluster somatico</u> – da cui migliorare l'interazione. Se vuoi approfondire l'argomento, ti suggerisco di leggere qualche rivista/libro specializzato e di esercitarti fin da subito servendoti della... *tua televisione!* No, non preoccuparti: non si tratta di un errore di battitura o di una svista editoriale. I tanti *talk show* che vengono mandati in onda sui canali TV sono il «dizionario di linguaggio del corpo» di cui hai bisogno per familiarizzare con le espressioni di tensione e con le manifestazioni di gioia, perplessità e imbarazzo più comuni. Dopo aver individuato tutte le aree della comunicazione non verbale, non dimenticare di fare pratica e di esercitarti in prima persona. Prova a redigere una lista delle 3 manifestazioni non verbali in cui ti senti carente e/o impacciato; per esempio, se hai difficoltà a mantenere il contatto visivo con i tuoi interlocutori, comincia col fare un po' di training giornaliero in compagnia delle persone con cui hai confidenza. Con il tempo, riuscirai a creare una solida base di comunicazione somatica per migliorare (anche) la tua assertività.

Il doveroso preambolo è l'occasione per svelarti la regola aurea della comunicazione efficace: <u>migliorare ogni aspetto della tua relazione con gli altri</u> è l'unico modo per ottenere risultati degni di nota nel breve e nel lungo periodo.

Il linguaggio del corpo non è sufficiente per renderti l'animale sociale che hai sempre sognato di essere, così come la sola assertività non sortirà gli effetti sperati se prima non verrà supportata da una valida comunicazione non verbale. Ancora una volta, rinnovo l'invito ad approfondire tutti gli aspetti della socializzazione umana, senza focalizzarti su un unico fattore. Sarebbe un po' come conoscere *soltanto* la storia del Novecento, mangiare *soltanto* pizza margherita o allenare *soltanto* i bicipiti durante le sessioni di training in palestra.

Torniamo a noi e facciamo chiarezza sulla <u>comunicazione verbale di tipo assertivo:</u> il prototipo di persona che incarna l'assertività <u>non</u> è aggressivo nei confronti dei suoi interlocutori e <u>non</u> subisce le decisioni altrui senza aver prima espresso la propria opinione. Lui/lei è in grado di farsi rispettare senza adottare comportamenti distruttivi o passivi; riesce a controllare il proprio disagio interiore ed è dotato di un'ottima fiducia in sé stesso – a proposito, gli inglesi chiamano quest'abilità *self-confidence*. In altre parole, gli obiettivi di un individuo che desidera adottare una trasmissione segnica assertiva sono i seguenti:

- Esprimere le proprie opinioni senza temere il condizionamento altrui.

- Saper accettare la superiorità di colleghi, compagni di studio e amici, muovendo loro complimenti sinceri.

- Accettare critiche costruttive senza ingenerare un ciclo di frustrazione o inimicizia repressa.

- Praticare una forma di ascolto attivo – argomento protagonista del Capitolo 2 – tutte le volte in cui altre persone prendono la parola. Questo significa non interrompere, non controllare in modo maniacale le notifiche dello smartphone, non vagare con la fantasia e non adottare comportamenti somatici che attestano distrazione.

- Gestire le manipolazioni e le suggestioni degli interlocutori senza lasciarsi condizionare o avvertire senso di colpa. Ti ricordo, ancora una volta, che ho scritto un libro incentrato sulle pratiche di Psicologia Oscura 3.0 in cui sono contenuti consigli pratici per proteggerti dai narcisisti patologici e dai colleghi «dalla lamentela facile».

In sintesi, la comunicazione verbale di tipo assertivo permette di accettare il punto di vista altrui in modo schietto e sincero.

Per spiegare il concetto senza dilungarmi troppo sul versante teorico, voglio raccontarti un aneddoto desunto dalla mia esperienza personale. Per un lungo periodo della mia *gavetta giovanile*, ho lavorato in agenzie pubblicitarie italiane e francesi. A seguito dell'ennessimo trasferimento aziendale, vengo inserito come «marketer di supporto» in un team di Rouen, città che sorge nella Valle della Senna a circa due ore di macchina a nord di Parigi. Faccio dunque la conoscenza dei miei nuovi colleghi di lavoro e scambio quattro chiacchiere con l'unico italiano presente.

«Ti piace lavorare qui?»

«Sì, non mi dispiace!»

«La città è ben servita da quello che ho visto. O mi sbaglio?»

«No, hai ragione!»

Cos'è accaduto di preciso? Per quale motivo la conversazione non è decollata, ma si è trasformata in uno scambio di monosillabi e domande imbarazzanti (e un po' scontate)? Lo sbaglio che ho commesso – *dopotutto, non avevo mai sentito parlare di comunicazione assertiva: perdonerai i miei grossolani errori di gioventù!* – è stato quello di rompere il ghiaccio ponendo un <u>quesito chiuso</u>. Quest'ultimo consiste nel formulare una domanda alla quale l'interlocutore può rispondere soltanto «sì» oppure «no». Insistere non farà altro che peggiorare la situazione; la controparte si annoierà a tempo di record e cercherà un modo di svicolare la chiacchierata. *Mio caro lettore*, devi sapere che gli inglesi e gli statunitensi sono dei veri maestri dello **small-talk**. Il termine si riferisce alle «quattro chiacchiere del più e del meno» scambiate tra conoscenti, studenti o colleghi di lavoro che non hanno ancora maturato un rapporto d'amicizia. E sai qual è la regola numero 1 dello small-talk? Poni domande aperte. *Sempre.*

Riconoscerle e formularle è molto semplice. Iniziano tutte con «Perché...?», «Cosa...?», «Da quando...?» o ancora «Come...?». Se provassimo a riformulare la conversazione intrattenuta con il mio collega italiano, otterremo un risultato di gran lunga migliore del precedente:

«Come mai ti piace del lavorare in questo team?»

«Mah, sai... I progetti sono molto interessanti e bla, bla, bla»

«Fantastico! Non vedo l'ora di mettermi all'opera. Senti, e perché credi che la città sia ben servita? Per qualche motivo in particolare?»

«Considera che il trasporto pubblico bla, bla, bla»

Noti anche tu una certa differenza?

Una seconda tecnica di small-talk che potrebbe tornarti utile per rompere il ghiaccio e potenziare il carisma percepito consiste nel *dare e ricevere* «informazioni libere», cioè dati non richiesti nella domanda di partenza del tuo interlocutore. Questa potente strategia ti aiuterà a liberarti del pensiero ricorrente: «ma che lo dico a fare? Sicuramente non interessa a nessuno!». Attenzione, però: non è mia intenzione suggerirti di trasformarti in un *so tutto io* un po' logorroico. Ti invito invece a prendere parola più frequentemente e a spaziare oltre le semplici informazioni sottintese alla domanda. In questo modo, la conversazione si arricchirà di dettagli intimi e privati, nonché di spunti interessanti da cui stringere un legame solido e speciale con ogni conoscente *fresco fresco* di stretta di mano. La **tecnica delle libere informazioni** è un vero salvavita nel caso tu voglia rompere il ghiaccio con un *timidone DOC* o con un chiacchierone che – proprio come il *me del passato* – poneva soltanto domande chiuse.

Un esempio:

«Quindi ti piace lavorare qui?»

«Sì, molto! Devi sapere che il rapporto con i colleghi non potrebbe essere migliore. A proposito, organizziamo un aperitivo in piazza ogni fine settimana. Ovviamente sei invitato anche tu!»

La libera informazione è il pretesto: A) per creare un legame empatico e B) per rivelare alcuni aspetti del tuo carattere, del tuo modo di pensare o del tuo mondo interiore. In quest'ultimo caso, parliamo di **auto-apertura.**

Un altro esempio:

«Ah, quindi ti piace uscire con i colleghi?» [Domanda chiusa]

«Sì, abbiamo un gruppo davvero splendido! Devi sapere che sono un po' timido e introverso, al liceo ero sempre *zitto zitto*, ma da quando ho conosciuto persone provenienti da ogni parte d'Europa ho acquisito più fiducia nelle mie capacità e... non mi tiro mai indietro quando c'è da rifare! Mi sono trasformato nell'anima di tutte le feste, qui a Rouen!» [Auto-apertura]

«Ah, non me ne parlare! Anche io sono un po' timido... Avevo paura di ritrovarmi in un team di lavoro che fosse formale e freddo. Dai, almeno mi hai dato un bel po' di speranza per superare indenne il primo giorno!» [Auto-apertura di riflesso]

La conversazione tra il *me del passato* e il mio collega di lavoro italiano può finalmente procedere senza impedimenti; l'idea di rivelare aspetti della propria personalità si è rivelata vincente. Ha permesso all'interlocutore di creare immedesimazione ed empatia, favorendo il dialogo sincero. Abbiamo assistito a quella che gli psicologi chiamano una *«sincronizzazione tra i comportamenti verbali»*.

Tre consigli pratici per *fare e rifiutare* richieste senza essere controllato dal senso di colpa

Sarò sincero con te, non sempre la sincronizzazione tra due o più parlanti si raggiunge a tempo di record. *Alle volte, non si raggiunge affatto!* Gli individui che sono privi di abilità assertive temono di fare richieste per timore di ricevere un rifiuto, oppure per paura di risultare maleducati. Un atteggiamento di questo tipo incide negativamente sull'armonia e sull'equilibrio relazionale. Per uscire dall'impasse, è necessario capire che un rifiuto non ha valore soggettivo, ma oggettivo. Alla domanda «saresti così gentile da fare un cambio turno per sabato pomeriggio?», il collega che risponde di «no» <u>non</u> sta negando il favore all'interlocutore in quanto persona, bensì alla sua sola richiesta. È importante entrare nell'ottica di accettare i rifiuti, senza per questo renderli una questione emozionale e/o soggettiva. Troppo spesso, infatti, si cade nell'errore di credere che gli altri debbano capire da soli *ciò che è bene* e *ciò che non è bene* chiedere.

Non sono affatto d'accordo: le persone hanno il diritto di interfacciarsi alla controparte *senza* il timore di essere vittima di uno scatto d'ira o di uno sbuffo scocciato. Fare richieste non soltanto rafforza la tua assertività – ti colloca infatti in una zona di *dis-comfort,* di scomodità interpersonale – ma consente di rafforza la cooperazione e la solidarietà con gli individui che incontri ogni giorni in ufficio, in università o in famiglia. Di conseguenza, ti suggerisco di sbarazzarti quanto prima della paura del rifiuto: esprimere i tuoi bisogni, i tuoi desideri e le tue aspettative future è <u>sempre</u> la scelta vincente. Verbalizzare ciò che provi in modo sincero e autentico ti permetterà di acquisire fiducia in te stesso, nonché carisma e valore agli occhi degli altri.

Per riuscire nell'intento, ho sintetizzato di seguito 3 consigli *must* che credo possano fare la differenza:

1. **Impara ad accettare le critiche (costruttive) e comincia a ignorare le critiche (distruttive).** I consigli che ti vengono forniti dagli altri possono rivelarsi un prezioso strumento di crescita personale. In ogni caso, soltanto in pochi riescono ad accettarli

senza sentirsi messi alle strette! Il motivo è da rintracciare – come spesso accade – nell'insicurezza che ogni individuo ha radicata in sé stesso. Le persone non-assertive subiscono le critiche in modo passivo e finiscono per danneggiare la loro scarsa autostima. Gli individui aggressivi, invece, non tollerano che qualcun'altro possa mettere in dubbio la loro professionalità e finiscono per «sbranarti e abbaiare» al benché minimo appunto. Se vuoi trasformarti in un comunicatore assertivo devi assumere un punto di vista oggettivo e distaccato. Ricorda: la critica non è rivolta a te in quanto persona, ma sempre a una minima parte di ciò che sei (una parola pronunciata fuori contesto, un lavoro non eseguito perfettamente, una preparazione universitaria deludente, una disattenzione che ha fatto soffrire la controparte ecc.). Tenere a mente questa semplice verità ti aiuterà a dire di «no» senza farti governare dal senso di colpa. *Non assolutizzare i conflitti, relativizzali.*

2. **Comunica chi sei e ciò che desideri diventare.**
   Potrebbe sembrare un ragionamento arzigogolato, ma non è così. Se riuscirai a esprimere le tue idee senza remore, non soltanto potrai circondarti di persone capaci di supportarti *(e di sopportarti)* nei momenti di difficoltà, ma riuscirai ad aumentare il tuo carisma percepito. Chi si limita a rispondere sempre e solo «sì», a lungo andare smarrisce qualsiasi attrattiva e finisce per diventare superfluo. *Non cadere nello stesso errore!* Ogni volta che ti ostini ad acconsentire a richieste che non collimano con la tua volontà, stai dando più importanza alle opinioni dell'altro.

3. **Sii diretto ed evita di accampare scuse.** Se ti trovi nella situazione di negare un favore a un amico, a un collega o a un compagno di studi, ricorda di essere *calmo, chiaro e diretto*. Evita i lunghi giri di parole e non giustificarti prima ancora di aver finito la frase! Inoltre, non fare ricorso alle scuse. Il rischio che si corre è quello di **A)** far intuire alla controparte che si è inventato un contrattempo qualsiasi (e questo minerà

la base di fiducia del vostro rapporto) oppure **B)** spingere l'interlocutore a risolvere il tuo problema, cosicché poi tu sia libero di acconsentire al favore. In ambo i casi avrai sperperato energie preziose che avresti potuto impiegare fin da subito per esporre la realtà dei fatti.

Qualche esempio?

«Vorrei tanto venirti a prendere ma abiti dall'altra parte della città e non me la sento di restare imbottigliato nel traffico»

«Ti ringrazio per l'invito alla festa, ma non conosco nessuno dei tuoi amici e credo mi sentirei un po' a disagio. Lo sai che sono timidissimo! Per questa volta ti devo dire di no, ma festeggeremo insieme in un'occasione più tranquilla!»

«Sai, in realtà non mi piace granché il cibo indiano. Perché non prenotiamo in un ristorante giapponese?»

Come vedi, gli esempi summenzionati denotano non soltanto maturità e self-control da parte del parlante, ma anche onestà.

Infine, ti lascio una carrellata di pillole di assertività per imparare a dire di no senza temere di risultare sgradevole: impara a dire ciò che senti nel momento in cui sei costretto a rifiutare [«mi dispiace tanto» oppure «mi sento un po' in colpa a dirti di no, però...»], prova a offrire un'alternativa se credi che sia opportuno [«eventualmente potremmo...» o ancora «perché invece non...?»] e fai apprezzamenti sinceri sulla controparte [«sai bene quanto ci tengo alla nostra amicizia, purtroppo per sabato sera sono già impegnato con i miei vecchi compagni di liceo!»].

Capitolo 2 – Le tecniche comunicative per disinnescare i conflitti relazionali

Mio caro lettore, prima di approfondire i «tipi-comunicativi» più comuni nella società a noi contemporanea, voglio proporti una sintesi delle tecniche di assertività che mi hanno permesso di muovere i primi passi lungo il mio percorso di crescita personale. Sono tutte molto semplici da replicare; si adattano, inoltre, a un ampio range di eventi sociali in cui – una volta o l'altra – tutti noi siamo chiamati ad agire. Ti suggerisco di leggerle con attenzione e di utilizzarle in modo strategico quando sentirai di non avere «strumenti verbali» per difenderti dagli attacchi di una personalità aggressiva o dal «silenzio-assenso» di un passivo DOC. In aggiunta, ti ricordo di adottare un atteggiamento naturale e spontaneo. Tutti gli esercizi contenuti nel manuale che stringi tra le mani ti saranno utili soltanto se li userai in modo non artificiale. Di conseguenza, ti consiglio di non tralasciare la componente non verbale della comunicazione.

La tecnica del «disco rotto»

Immaginiamo di rapportarci con un amico. Lui/lei ci ha fatto una richiesta alla quale noi abbiamo rifiutato. La controparte si sente offesa dal nostro atteggiamento e comincia a colpevolizzarci con frasi in stile «pensavo fossi una persona su cui fare affidamento» o ancora «non mi aspettavo un no da parte tua...». In una situazione del genere, l'interlocutore sta cercando di manipolarci, ovverosia di fare leva sul nostro senso di colpa per indurci **A)** a cambiare idea e **B)** a credere di essere nel torto. La tecnica del «disco rotto» viene in nostro soccorso e consente di sollevare una barriera difensiva contro l'influenza altrui. In cosa consistente? Nella ripetizione! Reitera il concetto <u>con estrema calma</u> servendoti delle stesse identiche parole con le quali hai detto di «no» la prima volta. *Attenzione*: non devi assolutamente trovare una giustificazione alla tua posizione. Per non farti coinvolgere dalla spirale comunicativa dell'interlocutore – cioè per evitare di cadere nel tranello – continua ad asserire ciò che hai detto inizialmente. Né più né meno. Discorso analogo vale nel caso in cui tu venga "attaccato" da un venditore inopportuno; ripeti «non mi interessa, ti ringrazio ugualmente» oppure «non sono interessato» senza farti prendere dal panico. L'insistenza è un'arma potentissima, purché non crei pressing e tensione tra i due parlanti. In questo sventurato caso, trasmetterai l'impressione contraria: «mi sto agitando perché credo tu abbia ragione». La controparte penserà di avere il coltello dalla parte del manico e continuerà a manipolare le tue opinioni facendo leva sulla mancanza di controllo emozionale. Ti suggerisco di testare la tecnica del «disco rotto» anche nel caso in cui tu abbia acquistato un prodotto difettoso oppure voglia far valere un tuo diritto di consumatore. L'interlocutore si rifiuta di scendere a compromessi? Prova a insistere con estrema calma. Ti posso assicurare che riuscirai a far breccia nella conversazione senza risultare volgare, scortese o troppo debole per pretendere rispetto.

La strategia dell'assertività negativa

Hai mai sentito parlare di asserzione negativa? Può sembrare un controsenso, ma ti assicuro che non è così. Se vuoi lavorare sulla tua sfera comunicativa, devi innanzitutto imparare a riconoscere gli errori che commetti con il partner, con i colleghi e in famiglia. Perché se è vero che i soggetti aggressivi tendono a negare le proprie mancanze con le unghie e con i denti – diventando spesso impermeabili alla logica e al buonsenso – il «tipo assertivo» sa compiere un passo indietro quando capisce di essere nel torto. Voglio proporti un semplice esempio di asserzione negativa:

«Sai che ieri hai esagerato con Giuseppe? Sei stato davvero scortese!»

«Sì, hai ragione. Purtroppo, è vero! Alle volte mi faccio governare dalle emozioni e non so tenere a freno la lingua. Lo chiamerò quanto prima per scusarmi...»

Cos'è accaduto?

Una possibile «bomba relazionale» è stata disinnescata dalla maturità del secondo parlante. Lui/lei ha riconosciuto di aver attuato comportamenti inopportuni e si è detto/a d'accordo nel rimediare. Ammettere lo sbaglio mediante asserzione negativa consente di minimizzare l'eventuale ostilità tra chi critica e chi è criticato. La prossima volta che ti viene mosso un appunto, tenta di contare fino a cinque prima di rispondere. È probabile che il tuo schema mentale dominante sia aggressivo o passivo. In entrambi i casi, dovrai concentrarti su te stesso e sul tuo atteggiamento per interrompere lo schema mentale precedente, così da sostituirlo con un'asserzione negativa DOC. E se ti stai chiedendo come questa strategia possa aiutarti ad acquisire autorevolezza e carisma agli occhi degli altri, ti basterà immaginare cosa accadrà quando sarai *tu* a muovere un appunto sul collega x o sul coinquilino y. Gli interlocutori ti prenderanno maggiormente sul serio, e saranno più propensi ad adottare atteggiamenti di compromesso e pacificazione.

L'annebbiamento

L'ultima abilità di cui voglio parlarti in questo paragrafo consente di gestire le critiche più spinose con... *la tranquillità mentale di un monaco zen!*

È molto probabile tu stia pensando: *«impossibile! Ho i nervi a fior di pelle in questo periodo... Alla minima provocazione metto a soqquadro l'ufficio!».*

Tuttavia, non dimenticare mai che l'aggressività (palese o repressa che sia) non fa altro che drammatizzare e teatralizzare una situazione da cui potresti uscire indenne e vincitore. Non ci credi? L'abilità dell'annebbiamento consiste nell'accettare che chi critica abbia detto una parte di verità. Se la controparte è molto aggressiva, verrà presa alla sprovvista e sarà incapace di ribattere. Le mie frasi preferite sono «sì, credo tu abbia ragione su...» oppure «comprendo il tuo punto di vista e lo rispetto. In ogni caso...». La nebbia non è altro che la capacità di calmare le acque creando un senso di confusione nell'interlocutore. Nella stragrande maggioranza dei casi, infatti, siamo portati a risolvere le problematiche di coppia/gruppo «con le cattive». È raro incontrare soggetti disposti a mettersi nei panni dell'altra persona. In aggiunta, prendi in considerazione la tecnica – strettamente correlata all'annebbiamento – che viene chiamata «parafrasi». Tutto quello che devi fare è ripetere l'accusa e/o la critica della controparte chiedendo conferma delle sue opinioni. Un esempio?

«Ma è mai possibile che quando ti chiamo hai sempre qualcosa di meglio da fare? Non ci posso credere!»

«Quindi credi che io non sia mai disponibile quando mi scrivi, giusto?»

In questo modo, né smentirai né confermerai l'impressione dell'altro. Darai modo all'interlocutore di procedere con la spiegazione e riuscirai a «strappargli le parole di bocca» così da collezionare ulteriori informazioni sul problema. Potrà sembrare un consiglio banale, ma prendere tempo e rallentare una discussione in procinto di esplodere sono gli strumenti di cui l'assertivo ha bisogno quando si relaziona con personalità aggressive. Una volta che la controparte si è calmata e ha riacquistato controllo su di sé, puoi esporre la tua posizione in modo sereno e controllato (anzi, puoi adottare la tecnica del «disco rotto»!).

La combinazione è vincente, posso assicurartelo!

Capitolo 3 - L'assertività è una questione (anche) di aspettative interpersonali

Mio caro lettore, nel capitolo precedente ho condiviso con te alcune strategie evergreen da attuare nel corso di una lezione universitaria, nel bel mezzo di un meeting lavorativo o durante la frequentazione con un/una potenziale partner. Ho cercato di spiegarti come e quando disinnescare gli ordigni interpersonali. I vantaggi? Carisma, self-control, desiderabilità e ottime competenze relazionali che potrebbero esserti d'aiuto sul posto di lavoro (e non solo). Tuttavia, nelle prossime pagine desidero parlarti di una «piaga» comunicativa che troppo spesso viene tralasciata negli altri manuali di crescita personale e auto-aiuto: l'aspettativa. Riflettici per un solo istante: ogni azione, ogni cambiamento, ogni abitudine e ogni evento della quotidianità instilla nella nostra mente l'immagine di «come potrebbe essere». L'essere umano non può fare a meno di proiettarsi in un futuro più o meno distante, così da prepararsi in anticipo alle sfide che lo attendono. In uno scenario di questo tipo, due sono le situazioni in cui potresti trovarti: A) le tue aspettative sono molto basse, oppure B) sono molto elevate. Voglio andare controcorrente e partire da quest'ultimo caso. Prenotiamo una vacanza all-inclusive su una spiaggia tropicale, ci impegniamo affinchè ogni singolo istante sia rilassante e indimenticabile, investiamo tempo e denaro nella scelta dell'albergo e del ristorante in cui mangiare e... *rimaniamo delusi!* Se qualcosa andrà per il verso sbagliato, il nostro ideale di viaggio si scontrerà con la realtà fattuale e ingenererà in noi frustrazione e rabbia. Il risultato? Dal momento che l'essere umano fa fatica a trovare un colpevole in sé stesso, scaricheremo la nostra aggressività repressa sul receptionist dell'hotel che non parla italiano, sul cameriere che ci ha servito una bistecca troppo cotta e magari sulla compagnia aerea che vola con due ore di ritardo. Il risultato? La vacanza semi-perfetta si è trasformata in un vero disastro. E di chi è la colpa? Nostra! O per meglio dire, delle nostre elevatissime aspettative iniziali.

Passiamo ora al caso A. Decidiamo di affrontare la sessione estiva con la consapevolezza di dover recuperare qualche esame di troppo. Eppure, il nostro stato mentale è il seguente: «non ho intenzione di impegnarmi più del dovuto. Anche qualora dovesse andare bene, sarebbe più per una botta di fortuna che per le mie capacità». In una parola, ci comportiamo in modo mansueto e arrendevole. Non siamo dotati della verve emotiva per far fronte alle sfide che la vita ci pone davanti. Il risultato? Facciamo il cosiddetto «minimo sindacale» nella speranza che la sorte sia dalla nostra parte. Il comportamento in questione ingenera un ciclo di passività e di mancanza di fiducia in noi stessi. E sai cosa? Lo stato di impotenza ci porta ad accumulare la stessa rabbia inespressa del «tipo aggressivo» di cui ti ho parlato qualche riga più sopra.

Ci arrabbiamo con noi stessi perché ci siamo lasciati ingannare, manipolare e sfruttare da altre persone. Iniziamo a credere di essere trascurabili e stupidi, fino a raggiungere stati di lieve depressione. Ecco svelato il motivo per cui le aspettative – nel 99% dei casi – sono <u>sempre</u> dannose. Ci proiettano in un futuro che non possiamo controllare e che deve ancora rivelarsi per quello che è: imprevedibile. Perché mai intraprendere la strada dell'aggressività o della passività? Perché mai ritenere che la nostra vita sia peggiore di quella di x o y? Non è forse la visione soggettiva delle cose a determinare la qualità della nostra esistenza? Io credo di sì, e sono d'accordo con me tutti i «tipi assertivi» che ho formato e ho sostenuto in questi lunghi anni di rivoluzione interpersonale. Nel prossimo paragrafo ti spiego per filo e per segno come gestire l'aspettativa in ogni ambito della tua routine quotidiana.

La nascita di una falsa, falsissima aspettativa

Nella stragrande maggioranza dei casi, il timore di restare soli e di perdere un amico/partner ci spinge a comportarci in modo da piacergli. Lo/a assecondiamo anche quando non siamo d'accordo con lui/lei nella speranza di dire sempre ciò che l'altro si aspetta da noi. In altre parole, creiamo false aspettative. All'apparenza non c'è niente di male: compiacere gli altri è il modo migliore per persuaderli o per fare un'ottima prima impressione durante un colloquio di lavoro; ci aiuta a diventare venditori più abili, persone meno influenzabili. Tuttavia, un conto è la strategia che il manipolatore professionista impiega per governare inconsciamente le credenze e le opinioni dell'interlocutore, un conto è la passività vuota e razionale che molto spesso sfugge al nostro controllo. L'adulazione dell'altro – che tu ci creda o no – finisce per rivolgersi negativamente contro di noi! Nel momento in cui ci rendiamo conto che la persona *x* o *y* è diventata fondamentale per raggiungere il *nostro* benessere, ci poniamo in una condizione di dipendenza e «sudditanza». Il risultato? Non appena le prime difficoltà bussano alla porta, finiamo per incolpare la controparte. Il disagio che si è accumulato nel corso del tempo si rivela essere – come ti ho già detto nel capitolo precedente – un ordigno carico di rabbia repressa. Lo strumento di cui servirti per mantenere il controllo è un mantra che ha avuto effetti benefici non soltanto sulla mia vita, ma anche su quella di «tipi passivi» e «tipi aggressivi» incontrati nel corso del mio percorso di crescita personale.

Ripeti: *«se provo disagio e sto male con me stesso, la colpa è soltanto mia»*.

Lo so, non sembra molto incoraggiante! Tuttavia, ti assicuro che una presa di consapevolezza è *sempre* positiva; ci spinge a lavorare sulle nostre debolezze – cioè a investire energia su noi stessi e sul nostro miglioramento soggettivo – senza sprecare tempo ed emozioni alla ricerca degli errori altrui. Accettare di essere fallibili e, in alcuni momenti, sbagliati... *è una liberazione!* Ci dà il diritto di individuare gli aspetti caratteriali che vogliamo migliorare, quelli che ci hanno spinto lungo la strada della «sudditanza» e della dipendenza affettiva. Mettiti bene in testa che non potrai mai raggiungere un ottimo assetto comunicativo assertivo, senza prima aver modificato le tendenze passive/aggressive che ti porti dietro da anni.

Ricorda: *«se provo disagio e sto male con me stesso, la colpa è soltanto mia».*

Quando il pensiero in questione scatterà nella tua mente, ti renderai conto di essere caduto nel tranello delle false aspettative; avrai deciso di compiacere qualcun altro per timore di trascorrere una vita in solitudine, privo del sostegno dei tuoi interlocutori. Eppure, l'elogio vuoto e indiscriminato delle opinioni altrui fa sì che le tue idee siano sempre meno importanti. In altre parole, stai legittimando i colleghi, gli amici e i familiari a trattarti con sufficienza. Stai dicendo loro: «sì, so di essere inferiore». *È davvero questo che vuoi?* Sono certo che non sia così. Tutti noi sentiamo il bisogno di raggiungere obiettivi gratificanti per realizzare noi stessi nel lavoro e negli affetti; desideriamo liberarci delle cattive abitudini per essere più lucidi e felici, e sogniamo di trascorrere un'esistenza serena e priva di forti scossoni emozionali. In ogni caso, per riuscire nell'intento devi farti rispettare.

Il problema dell'iper-valutazione

Sono ricco.

Sono bello.

Sono più intelligente della media.

Sono migliore del mio collega di lavoro.

Sono, sono, sono...

In ogni istante della nostra vita, finiamo per ingabbiare il nostro «Io» all'interno di definizioni e di etichette. Dopotutto, la mente umana ha bisogno di ordine e non può prescindere dalle «categorie». È questo il motivo per cui ogni *cane* è a suo modo diverso, ma noi siamo in grado di formare il gruppo «animale-cane» nonostante siamo di fronte a un Rottweiler e a un Chihuahua. Il problema si pone quando cominciamo ad attribuire qualità a noi stessi e finiamo per iper-valutarci. L'iper-valutazione è tra i processi più comuni nella società a noi contemporanea, una società basata su canoni estetici sempre stringenti e costrittivi. L'idea di essere «speciali» e «migliori della media» genera false aspettative. Crediamo che tutto ci venga servito su un piatto d'argento e – complice la ricchezza dei Paesi occidentali – ci dimentichiamo che l'essere umano è stato per lungo tempo un animale soggetto a lunghi periodi di privazione. Fossilizzarci sui prodotti della tecnica e della cultura è stato un processo sì positivo, ma allo stesso tempo anche profondamente debilitante. Il nostro modo di giudicare la realtà è cambiato enormemente negli ultimi anni; siamo più critici e meno emozionali. Siamo più indaffarati e meno empatici. Alcune tradizioni si sono smarrite, altre sono subentrate a gamba tesa per modificare il nostro modo di relazionarci in società. In ogni caso, l'aspetto più interessante per sviluppare l'assertività risiede nella valutazione di noi stessi. Voglio spiegarti questo concetto con un esempio tratto da una chiacchierata informale in compagnia di una vecchia amica.

La protagonista di questa vicenda, la signora C. è una donna sulla cinquantina. È piacente, proveniente da una ricca famiglia padovana e dotata di una cultura superiore a quella dei suoi coetanei. Dopo aver conseguito una laurea, ha lasciato il lavoro e ha perseguito i suoi sogni letterari scrivendo poesie e brevi racconti. Tuttavia, gli sforzi umanistici le hanno portato soltanto misere soddisfazioni. È sposata con A., un uomo della media borghesia a lungo impiegato come dipendente tessile. Dopo aver conosciuto la moglie, A. ha scelto di lasciare l'industria per dedicarsi alla realizzazione del suo grande progetto: aprire una piccola attività commerciale per la vendita di prodotti in pelle. Le aspirazioni imprenditoriali non trovano riscontro nella realtà e A. è costretto a chiudere il suo negozietto. Cosa accade? La signora C. sceglie di saldare i debiti del partner attingendo al patrimonio familiare, maturando in sé l'idea che A. non sia l'uomo adatto a lei. Non soltanto si è rivelato incapace di perseguire la strada della libera professione, ma ha addirittura impattato negativamente sulla sua reputazione agli occhi dei genitori. Familiari e amici concordano con lei e contribuiscono alla creazione di false aspettative. Frasi in stile «tesoro, tu sei così intelligente, bella e sensibile. Meriti qualcuno che sappia liberare il tuo potenziale!» oppure «non avevo dubbi sulla fine della vostra relazione! A. non è l'uomo adatto a te... lo credevo fin dal giorno zero. E dire che sei speciale e unica! Potresti conquistare il cuore di chiunque!» non fanno altro che favorire l'iper-valutazione della signora C. con il conseguente declassamento dello sventurato A. Nella mente della nostra protagonista, scatta il pensiero «tutto o niente»: o trovo l'uomo perfetto per me, oppure non ho intenzione di accontentarmi e di scendere a compromessi.

Tuttavia, per dirlo con le parole di Georg Christoph Lichtenberg, scrittore e fisico di origini tedesche: «il primo passo per la saggezza è porre in discussione ogni cosa e l'ultimo è venire a patti con ogni cosa». Rappacificarsi con le persone e con le «cose del mondo» è dunque il modo migliore per essere grati della nostra vita. Nel caso della signora C., la mancanza di realismo si è trasformata in una corsa all'uomo ideale che non ha sortito i frutti sperati. Nonostante conoscenti e amiche le avessero assicurato file di uomini pronte a stendersi ai suoi piedi, la protagonista di questa vicenda si è resa conto che: «gli uomini della mia età impazziscono per le ragazze con trent'anni di meno. È mai possibile che anche i più acculturati e intelligenti non siano in grado di approcciare il rapporto con maturità?». Le false aspettative derivanti da un'iper-valutazione soggettiva sono state puntualmente tradite. Anche quando la signora C. perdeva la testa dietro al banchiere o all'imprenditore-startupper, il bersaglio di turno perdeva rapidamente interesse e non le riservava l'agognata soddisfazione.

L'atteggiamento è dannoso per due ragioni: A) la signora C. crede di valere 10 e pretende che l'eventuale partner abbia un valore pari – e mai superiore – a 10. Inoltre, B) nel momento in cui le sue aspettative vengono brutalmente deluse, la protagonista di questa storia decide di rinunciare alla propria vita sentimentale e segue la strada del «niente / rimango sola». È sufficiente analizzare la situazione con sguardo oggettivo per scoprire che il *point of view* – il punto di vista – della signora C. è soltanto <u>esternalista</u>. La sua attenzione è centrata esclusivamente sugli altri: «gli uomini perdono interesse per le donne mature e si mettono alla ricerca di avventure giovanili». Neppure per un secondo la causa del disinteresse maschile viene attribuito a carenze emozionali e caratteriali della signora C. Dopotutto, lei è perfetta. Dietro al banco dell'imputato siede o l'ex-marito A. o qualsiasi partner che disattende puntualmente le sue elevatissime aspettative. Cosa accade? Il «tipo aggressivo» in questione vive nell'attesa dell'uomo giusto, in attesa di una storia d'amore che assume dei forti connotati adolescenziali. Non abbiamo bisogno della sfera magica per prevedere il futuro: la signora C. è destinata a covare rabbia repressa e frustrazione, credendo che la sorte le abbia giocato un brutto tiro!

La soluzione?

Accettare l'idea di essere fallibili e riorganizzare la propria lista di priorità. Ha davvero senso rincorrere un ideale irrealizzabile? Non è forse meglio fare i conti con la realtà in modo oggettivo, attribuendo agli altri l'importanza che meritano? L'iper-valutazione rischia di ingenerare un ciclo di insoddisfazione e infelicità che finisce per sfociare in scoppi d'ira o depressione.

Come mantenere la calma quando le aspettative vengono disattese

Immagina di avere un appuntamento di lavoro in una città limitrofa. Ti alzi di buon'ora e ti rechi in stazione con l'intento di evitare l'ennessimo imbottigliamento nel traffico. Tuttavia, non fai in tempo a raggiungere il binario che l'altoparlante gracchia «il treno Intercity 456 viaggia con un ritardo di 35 minuti». Dai un'occhiata all'orologio e ti rendi conto di avere ancora un lieve margine temporale per arrivare in ufficio. Nonostante la logica sia dalla tua parte, metti in atto delle reazioni emozionali particolarmente intense. Più il ritardo aumenta, maggiore è il senso di frenetica ansia che ti invade da capo a piedi. Per stemperare l'iperattività che ti impedisce di attendere in tutta calma, cominci a scambiare quattro chiacchiere con il tuo vicino. Anche lui osserva lo smartphone nervosamente. Ti identifichi con l'interlocutore e inizi a pronunciare qualche frase di cortesia. Ti rendi conto, inoltre, che tutti i tuoi pensieri sono aggressivi. Il risultato? Stai male per una situazione che è fuori dal tuo controllo.

Mio caro lettore, sono sicuro del fatto che – almeno una volta nel corso della tua intera vita – ti sei ritrovato in una situazione simile. E sai cosa? Se smarrisci la lucidità mentale in vista di un appuntamento di lavoro è un conto, ma se perdi il controllo durante il colloquio o nel bel mezzo di un meeting importante... *il discorso cambia!* Togliti dalla testa l'idea di essere rispettato dagli altri se tu *in primis* non ti prendi cura di te stesso. Per disinnescare l'irrequietezza potresti ripeterti: *«dal momento che non ho controllo sulla situazione, non ha senso che mi agiti».* Alla fine della fiera, la principale difficoltà sta nel tenere a bada le nostre risposte emozionali indipendentemente da ciò che avviene nel mondo esterno.

«Beh, ma credo sia normale provare rabbia, paura o timore. Non siamo degli automi e dei robot!» potresti ribattere.

Hai ragione! Non è mia intenzione suggerirti un approccio alla vita 100% neutrale; un po' perché è un obiettivo impossibile da raggiungere – la sfera irrazionale e inconscia gioca un ruolo chiave nella caratterizzazione degli esseri umani – e un po' perché finiresti per farti violenza. Non è imbrigliando le tue emozioni che riuscirai a diventare assertivo. Devi piuttosto osservarle dall'esterno in modo oggettivo. Sì, è vero: le reazioni emozionali sono una parte di te, ma in nessun modo hanno il diritto di governare le tue azioni. Le persone carismatiche – i cosiddetti *leader naturali* che sicuramente avrai ammirato in ufficio o all'università – sono coloro che mantengono il sangue freddo... *anche quando non sanno che pesci prendere.* E sai perché? Perché la tua reazione nervosa e aggressiva sul binario del treno <u>non è intenzionale</u>, mentre l'atteggiamento pacato del «tipo assertivo» è voluto, cioè <u>intenzionale</u>.

Un consiglio spassionato? La prossima volta che un ritardo rischia di farti perdere il controllo, fai un respiro profondo e ripeti a te stesso: *«non serve andare nel panico. Devo mantenere la calma e agire con risolutezza».*

Nell'esempio precedente avresti potuto contattare l'ipotetica azienda del colloquio per informarli dell'inaspettato contrattempo del treno. Il *self-control* non soltanto è la base mediante cui raggiungere una solida comunicazione assertiva, ma anche lo strumento di cui possiamo disporre per collezionare tante piccole vittorie interpersonali.

Capitolo 4 – Come gestire i giudizi degli altri (e perché)

Mio caro lettore, mi auguro di aver trasmesso il messaggio-chiave che mi ha spinto a scrivere questo manuale: l'assertività non si dispiega attraverso un insieme di tecniche relazionali imparate da qualche guru d'oltreoceano; l'assertività è prima di tutto una lunga catena di schemi mentali positivi volti a potenziare ogni aspetto della nostra vita. Dopo aver appreso come rompere il ghiaccio in modo positivo e come gestire le false credenze e le iper-valutazioni di noi stessi e degli altri, è tempo di affrontare la questione irrisolta per eccellenza: il giudizio delle persone che ci circondano. L'idea che <u>per piacere agli altri dobbiamo costantemente modificare il nostro comportamento</u> non è una «moda» recente. Le filosofie orientali e occidentali, i saggi e i romanzi, le opere d'arte e le pellicole cinematografiche novecentesche sono spesso dedicate alla grande tematica dei rapporti interpersonali. E sai cosa? Se proviamo a compiacere tutti, trascorriamo la nostra vita sotto il segno del «devo farlo». È un imperativo. È uno strumento che limita la nostra libertà e ci spinge a ridimensionare le nostre reali aspettative. In aggiunta, la strategia in questione è una costante fonte di ansia. In ogni istante della giornata – dopo aver attuato un atteggiamento «condizionato» dal giudizio dell'interlocutore – siamo portati a valutare i segni di approvazione e disapprovazione provenienti dal mondo esterno. Cerchiamo di intuire i pensieri che passano per la testa della controparte, scrutiamo il suo viso ed entriamo in apprensione quando capiamo di non essere stati all'altezza.

Beh, l'altezza è una questione di prospettiva. Quello che la persona *x* o *y* reputa un fallimento, un compromesso o una debolezza... *per noi potrebbe essere motivo di gioia e di vanto!* Non cadere nell'errore di credere che la realtà sia nettamente distinta in bianco o nero, buono o cattivo. Esistono milioni di sfumature intermedie che ci rendono liberi di essere chi siamo. Nei capitoli precedenti ti ho spiegato quanto il «fare domande / richieste» sia un nostro diritto inalienabile. Allo stesso modo, abbiamo la possibilità di fare orecchie da mercante di fronte al giudizio affrettato (o meno) di un'altra persona.

I pensieri che subentrano di frequente ci spingono a «subire passivamente» le opinioni altrui.

«Cosa penserà mio padre del fatto che non voglia iscrivermi all'università?»

«Verrà mai accettata il mio orientamento sessuale? O sarò allontanato dal mio vecchio gruppo di amici?»

«Cosa diranno i miei parenti del nuovo taglio di capelli?»

La risposta che ti faccio io è la seguente: «è davvero così importante?». Le persone assertive sono in grado di farsi rispettare nonostante si assumano responsabilità di scelte diverse da quelle di un fratello, di un amico, di un genitore, di un partner o della maggioranza. Le frasi summenzionate, invece, denotano un bisogno compulsivo di dover gratificare gli altri (prima ancora che condividano con noi il loro parere). Questa sorta di «distorsione cognitiva» ingenera un ciclo di passività che tende alla frustrazione, allo smarrimento e alla depressione. Cominciamo a chiederci: «cosa fa davvero per me?» o ancora «troverò mai il mio posto nel mondo? Non sono in grado di prendere una decisione da solo!».

Mio caro lettore, presta molta attenzione a quello che sto per dirti: la fissità e la staticità ti danneggiano 10 volte in più di ogni singolo fallimento. Restare fermo, immobile, impantanato nelle sabbie mobili della paura non soltanto ti renderà passivo e vuoto, ma anche trascurabile. Una persona che si sforza di intercettare i bisogni degli altri per evitare di subire una critica, non fa altro che rinnegare la propria personalità. *È davvero questo che vuoi?* La stragrande maggioranza degli individui che mi hanno chiesto consigli a tema assertività, si riferivano a sé stessi con un aggettivo ricorrente: «io sono *sensibile*». All'apparenza non sembra esserci nulla di male, giusto? Eppure, il soggetto «sensibile» è colui che <u>reagisce in modo sproporzionato a uno stimolo</u>, anche lieve e trascurabile. Con il passare del tempo, il giudizio degli altri diventa il fattore determinante: quando è positivo, la persona è in pace con sé stessa; quando è negativo si lascia andare a lunghi sfoghi, conditi con recriminazioni e sensi di colpa che possono assumere dimensioni cataclismatiche.

Molto spesso accade che l'individuo coinvolto nello «smacco» concentri tutte le proprie energie mentali su ciò che gli è stato detto dal proprio interlocutore. Non di rado, subentrano domande a cui è impossibile trovare risposta.

«Chissà perché mi ha detto che io...»

«Per quale motivo pensa questo di me?»

«Come posso fargli cambiare idea? C'è un modo per rimediare?»

Se ti sei trovato almeno una volta in una situazione del genere, ho una buona e una cattiva notizia da darti.

La buona: non soltanto hai la possibilità di migliorare e di lasciarti alle spalle l'iper-apprensione che imbriglia le tue relazioni interpersonali, ma puoi anche apprendere come ignorare i giudizi non costruttivi in pochi e semplici passi.

La cattiva: il percorso non è affatto semplice, soprattutto se adotti schemi mentali passivi da quando sei un bambino. Non è raro, infatti, che siano proprio i genitori i responsabili di un'eccessiva insicurezza del figlio. Mi è spesso capitato di ascoltare frasi come «cosa penserà di te la maestra se ti comporti in questo modo?» oppure «non farci fare brutta figura e vai subito al compleanno di tua cugina. Si offenderà, sai?». Sgridare un bimbo apportando giustificazioni del genere non fa altro che incrementare il suo bisogno di essere accettato dagli altri (dalla famiglia, dagli insegnanti, dai compagni di classe ecc.). Il risultato?

In tot anni di vita, è possibile che nessuno ti abbia mai insegnato come rifiutare le richieste altrui e come ridimensionare le opinioni di x o y. In aggiunta a quanto detto, hai anche trasformato la tua remissività in una sorta di imperativo categorico: «a un amico non si dice mai di no».

Perché?

Perché acconsentire a giudizi e pensieri altrui che non coincidono con i tuoi? Per quale motivo non preferire una forma di dialogo matura e assertiva da ambo le parti, senza cadere nel tranello dell'aggressività o della passività?

Nel prossimo paragrafo ci concentreremo su due aspetti che puoi modificare <u>fin da subito</u> per liberarti di qualche falso condizionamento: il bisogno di sentirsi apprezzati e il timore della critica. *Curioso di saperne di più?*

L'amicizia e l'assertività

Mio caro lettore, non è mia intenzione dilungarmi sull'importanza che l'amicizia (quella vera) riveste nelle nostre vite. Tuttavia, mi preme chiarire alcuni aspetti che troppo spesso vengono fraintesi e/o sottovalutati. Facciamo l'ennesimo sforzo immaginativo e proiettiamoci in uno scenario abbastanza comune. Due amiche, Laura e Daniela, sono state invitate a una cena di lavoro. La prima non vede l'ora di prender parte all'evento, la seconda vorrebbe riposarsi nel suo unico giorno libero e passare il weekend con il fidanzato che vive a svariati chilometri di distanza.

Laura: «ciao Daniela, posso chiederti un passaggio per venerdì sera? Così andiamo insieme e risparmiamo sulla benzina e sul parcheggio. Facciamo alle 20 e 30 sotto casa mia, che dici?»

Daniela: «hey, mi piacerebbe tantissimo ma devo prestare la macchina a mio padre. Ha una trasferta di lavoro nel fine settimana. Non credo di riuscire a partecipare alla cena, il ristorante è anche fuori mano...» [Scusa non realistica per declinare la richiesta di Laura].

Laura: «che fortuna che ti ho scritto! Il mio fidanzato ha la macchina dei suoi genitori. Ti passo a prendere io e andiamo insieme!»

Daniela: «Grande, non vedo l'ora!»

Daniela si è «danneggiata» con le sue stesse mani, senza rendersene conto; non ha saputo declinare l'invito alla cena di team e ha perso un'occasione per esporre il proprio punti di vista in modo onesto, chiaro e incontrovertibile. Cos'è accaduto, invece? La scusa che ha accampato – magari all'ultimo secondo, senza neppure valutare tutti gli scenari possibili – le è costata cara. Laura ha risolto il problema in buona fede – pensando che l'amica fosse triste per l'eventuale contrattempo – e si è inconsciamente meritata l'odio di Daniela. Ora, di chi pensi sia la colpa? Non certo di Laura, la quale ha fatto di tutto per soddisfare gli (apparenti) desideri dell'amica. Daniela avrebbe dovuto avere il coraggio di dire di «no», senza comportarsi in modo passivo.

A lungo andare, il soggetto che subisce le scelte altrui si satura e diventa iroso e aggressivo. Ecco svelato in che modo un rapporto di amicizia privo di sincerità possa trasformarsi in un conflitto silenzioso tra due persone incapaci di comunicare. È lo stesso meccanismo disfunzionale che subentra quando lasciamo scegliere il nostro interlocutore senza opporre resistenza, salvo poi sottolineare che «il ristorante che hai scelto non mi è piaciuto per niente» oppure «il film che hai consigliato tu era veramente noioso!». In uno scenario di questo tipo, subentrano due alternative: se l'amico "attivo" ha tendenze aggressive, metterà subito fine all'amicizia con il soggetto passivo.

«Senti, non ti va mai bene niente! È possibile che tocchi sempre a me decidere e sorbirmi le tue ramanzine?». Questa è la presa di posizione più comune.

Nel caso in cui la controparte sia un «tipo assertivo» - com'è semplice immaginare – farà di tutto **A)** per far valere la propria opinione senza risultare pedante o nervoso e **B)** metterà l'altro nella condizione di assumersi responsabilità più frequentemente. Potrebbe ribattere: «visto che la scorsa settimana ho deciso io, credo che questa volta tocchi a te! O cacci un'idea o non se ne fa niente», abbozzando un sorriso sereno. Attenzione, però: non cadere nell'errore di credere che il tuo interlocutore possa cambiare atteggiamento dall'oggi al domani: sarebbe un falsa credenza destinata a deluderti, posso assicurartelo. Tuttavia, sarai in grado di ricalibrare il vostro rapporto, nella speranza che il tuo punto di vista venga trattato con maggior rispetto. Infine, ti ricordo ancora una volta di <u>non</u> subire passivamente le opinioni altrui. Il film che hai scelto non è stato dei migliori? Pazienza! Soltanto tu puoi esprimere un parere più o meno critico sul tuo atteggiamento. Se sei tu a commettere un errore, tu ne paghi le conseguenze. Non lasciare che le persone con tendenze passive finiscano per sperare che tu ti assuma responsabilità (anche) per loro. Parlo con cognizione di causa: non farai del bene né a te stesso né agli individui che ti circondano sul posto di lavoro, in famiglia o all'università.

La famiglia e l'assertività

Mio caro lettore, l'amicizia non è l'unico ostacolo relazionale. Se c'è un aspetto che rischia di minare alla base la fiducia nelle tue capacità, questo è il giudizio di una famiglia iper-critica e poco coesa. Sia chiaro, non tutti i nuclei familiari sono colpevolizzanti e negativi. Tuttavia, se hai scelto di acquistare il libro che stringi tra le mani è probabile tu appartenga alla categoria di quanti – nonostante abbiano da tempo raggiunto l'età della maturità – non siano ancora liberi di «fare di testa propria». A tal proposito, voglio raccontarti la storia di uno storico compagno di università, poi diventato il mio divertentissimo coinquilino. Appassionato di pittura e scultura, avrebbe desiderato proseguire gli studi presso l'Accademia di Belle Arti della mia città. Il genitori sono stati inamovibili e lo hanno minacciato di «tagliargli le spese» con le quali avrebbe potuto conseguire l'ambito titolo di studio. Se il padre si era chiuso in un silenzio ostile, la madre tentava di convincerlo con espressioni manipolatorie. «Lo diciamo per il tuo bene» oppure «ci ringrazierai tra qualche anno» gli ripeteva costantemente. Piero – questo il nome del mio amico di vecchia data – aveva finito per cedere, seppur a malincuore. Le pressioni genitoriali non gli lasciavano scampo, e lui non era in grado di argomentare le sue idee con maturità e spiriti critico. Si chiudeva in un silenzio ostile e non usciva dalla sua stanza, spesso per giorni interi. A distanza di qualche mese, s'iscrive alla facoltà di Sociologia sotto consiglio del cugino maggiore. Dopo un anno e mezzo di studio sofferto e inconcludente, Piero decide di lasciare l'università e di trovare un lavoretto estivo a Milano. I genitori sono nuovamente pronti per dargli battaglia: erano soddisfatti degli (scarsi) risultati universitari e già fantasticavano sulla laurea del loro unico figlio maschio. Ancora una volta, la colpa della decisione viene imputata *soltanto* a Piero, sebbene il suo trasferimento si fosse reso necessario per via delle scarse possibilità economiche della famiglia. A distanza di due anni, mentre io mi dedico giorno e notte alla scrittura della tesi, Piero decide di riprendere il *cursus honorum* universitario da dove l'ha lasciato. Ha messo da parte un gruzzoletto e non ha intenzione di chiedere il supporto finanziario dei genitori. Mio caro lettore, indovina un po'? Per l'ennesima volta, il padre spara a zero contro il figlio è gli dà del buono a nulla. «Vuoi davvero lasciare un posto di lavoro ben retribuito in un periodo storico così precario?» sono le accuse che gli vengono rivolte. Anche la madre sembra delusa dalle oscillazioni del figlio e non si esprime a riguardo. Ad oggi, Piero è un laureato, un lavoratore e il padre di due bellissimi bambini di 4 e 6 anni. E quando lo invito nel weekend per fare una passeggiata sul lungolago o un pazzo allenamento con le nostre amate mountainbike, mi risponde che «se non vado a trovare i miei, mi fanno sentire in colpa!». Spesso è costretto a rifiutare per via del pressing emotivo che la sua famiglia ancora pratica nei suoi riguardi fin dal giorno zero, fin dalla sua più tenera età. «Mi dicono che penso solo a me stesso, che sono un egoista» mi ha spiegato durante una chiacchierata telefonica; «mi devo sentir dire che penso soltanto a divertirmi e che non faccio nulla per loro» ha concluso.

È davvero così?

Mio caro lettore, non parlo per partito preso. Non voglio spezzare una lancia a favore di Piero per il solo fatto di essergli amico dall'età di vent'anni. Ti ho raccontato questa vicenda perché credo sia (purtroppo) standard e tristemente comune. Se anche tu boccheggi e annaspi in un nucleo familiare incapace di supportarti, ho qualche consiglio da darti. Per riconoscere le critiche e i giudizi manipolativi di un familiare devi concentrarti sull'intenzione del tuo interlocutore.

L'espressione «fai come ti dico io, *è per il tuo bene*» è uno stratagemma di condizionamento che fa leva sul senso di colpa della controparte. Se il Piero di quindici anni fa avesse avuto gli strumenti che possiede oggi, avrebbe potuto difendersi in due modi:

- Valutando e gestendo le sue risposte emozionali inconsce.

- Preparando in anticipo risposte competitive alle critiche genitoriali. Queste ultime dovrebbero essere mature, sensate, logiche e incontrovertibili.

Attenzione, però: le risposte competitive non sono in alcun modo offensive. Non mirano ad aggredire verbalmente uno o più interlocutori, né tantomeno devono essere usate per annichilire un genitore (o chi ne fa le veci). La competitività sta nella sensatezza. Piero avrebbe potuto rispondere, ad esempio: «so bene che ci tieni a vedermi, papà! Ma questo fine settimana ho preso accordi con un mio vecchio compagno di studi. Sarà per la prossima volta!». Quest'ultima espressione è chiara, garbata e sicura. Non ammette repliche e, al contempo, favorisce il dialogo. Ora, non voglio fartela semplice. Non è mia intenzione minimizzare le problematiche familiari senza conoscere la tua storia, la tua condizione caratteriale e le motivazioni che hanno ingenerato il conflitto. Voglio però metterti in guardia: non cedere alle richieste di un genitore significa assistere a un incremento della sua aggressività (almeno nell'80% dei casi). Il tuo interlocutore potrebbe insistere con rinnovato vigore e passare a «offese strategiche» nel tentativi disperato di farti cambiare idea. *Non cedere!* A distanza di qualche settimana/mese, la famiglia si renderà conto che hai perimetrato la *tua* vita in modo diverso e che loro non possono fare nulla per impedirtelo.

Capitolo 5 – Forza di volontà Vs. Assertività

Mio caro lettore, prima di approcciare il vasto universo della comunicazione assertiva sono stato un appassionato sostenitore dei manuali di self-help e di crescita personale. Se ti piace bazzicare tra librerie e post motivazionali sui social media, saprai meglio di me che è possibile rintracciare una grande costante, l'evergreen dei tanti «guru» (o presunti tali) d'oltreoceano: la forza di volontà. Ebbene, sono qui per sollevare una voce controcorrente. Non intendo polemizzare, ma voglio spiegarti il motivo per cui – a mio modesto parere – la volontà è ormai iper-sopravvalutata nel panorama a noi contemporaneo. In una società in cui vince chi è più rapido, produttivo e scattante, dimentichiamo troppo spesso che non è la forza di volontà a farci raggiungere grandi obiettivi. È la passione. Ho un nipotino di dodici anni che passa ore davanti allo schermo del computer per apprendere le basi di Photoshop e dei programmi di fotoritocco digitali. Qualche tempo fa, incuriosito dalla sua smania di imparare, gli ho chiesto da dove tirasse fuori tutta quella forza di volontà. Sai cosa mi ha risposto? Ha sollevato un sopracciglio in segno di scetticismo e mi ha detto: «non so di che parli. A me piace farlo!».

Sono disposto a metterci la mano sul fuoco: gli sportivi agonisti, i musicisti di professione, i pittori più creativi del mondo e i matematici più svegli del proprio team non sono dotati di elevati tassi di forza di volontà, bensì di amore reverenziale nei confronti dell'attività che li rappresenta, che li fa sentire utili e vincenti. Ecco svelato il motivo per cui alcuni studenti si applicano con costanza e passione, e altri ragazzi preferiscono apprendere un mestiere, praticare uno sport o suonare uno strumento musicale. L'essere umano tende a dare il meglio di sé nelle attività che gli recano gratificazione nel breve e nel lungo termine. Quando il riconoscimento personale dei traguardi raggiunti non è conforme all'impegno profuso, cominciamo a «soffrire» la routine quotidiana e proviamo una cocente delusione. Ti è mai capitato? Sono sicuro tu possa immedesimarti in quello che ti sto dicendo. Dopotutto, quando decidiamo di cambiare posto di lavoro, di interrompere la triennale universitaria che abbiamo scelto all'età di diciotto anni, di separarci dal partner che «credevamo diverso» e così via, stiamo sostituendo la nostra (presunta) forza di volontà con l'arrendevolezza. Preferiamo voltare pagina perché le nostre energie non vengono ricompensate in termini di autostima, benessere e felicità. Quello che sto cercando di dirti è che il concetto di «forza di volontà» di cui parlano tanto i *mental-coach* d'oltreoceano è spesso incompleto: un individuo può infatti essere estremamente motivato in un'attività e disinteressarsi di tutto il resto. Posso assicurarti che il giocatore di pallavolo che dedica otto ore della sua giornata all'allenamento di squadra, potrebbe risultare inetto qualora dovesse svolgere un lavoro da ufficio o venisse chiamato a cucinare per un gruppo di amici. Il motivo? Quando ci saturiamo senza ricevere gratificazione dall'attività svolta, prendiamo altre strade e ci rendiamo conto di essere meno flessibili di quanto credessimo inizialmente. Occhio, però: non cadere nell'errore di attribuire i tuoi fallimenti universitari, professionali, musicali o sportivi alla mancanza di forza di volontà. Nel prossimo capitolo, ti spiego come analizzare la situazione in cui versi con oggettività e buonsenso.

La forza di volontà sul posto di lavoro

Avevo sui vent'anni e lavoravo come addetto vendite in uno store di abbigliamento per bambini. Avevo accettato l'impiego di buon grado per via della vicinanza della mia abitazione – o per meglio dire, della mia stanza in affitto! Ero uno studente un po' squattrinato – e il negozio suddetto. Dopo le prime settimane, cominciai a lamentarmi con i miei coinquilini. Non soltanto mi sentivo impacciato e teso nella relazione con i clienti, ma trovavo anche noiose tutte le pratiche di chiusura cassa, magazzino e organizzazione della merce che mi tenevano sveglio fino a tarda notte.

Lo ammetto, la mia tolleranza adolescenziale non era forse delle migliori; con il tempo ho imparato a guardare il «bicchiere mezzo pieno», senza focalizzarmi troppo sugli aspetti negativi dei miei impieghi. Tuttavia, ti ho raccontato questo aneddoto per riportare il commento che un mio compagno di corso – alla ricerca di un lavoretto part-time per sostenere gli studi – mi rivolse quando mi lamentai della situazione in cui versavo: «Beh, ho sentito altre persone che sono soddisfatte. Essere dei commessi di abbigliamento non è poi così male, a detta di molti! *Se solo ci mettessi un po' di buona volontà potresti cambiare idea.* Fidati, sei fortunato!». Al mio «sì, avrai anche ragione! Ma proprio non mi piace lavorare come addetto vendite!», lui ha replicato: «non sempre quello che *dobbiamo* fare è quello che *vogliamo* fare».

La questione si riduce all'antitesi – apparentemente insanabile – tra ciò che siamo chiamati a fare contro la nostra volontà e ciò che amiamo fare. La domanda che voglio porti è però la seguente: per quale ragione dobbiamo svolgere azioni che cozzano con la nostra natura e il nostro carattere? Chi ne trae vantaggio? E soprattutto, perché?

La risposta che mi viene data di frequente è: «beh, se tutti facessero ciò che sognano da bambini, vivremmo in un mondo pieno di rockstar, pompieri, astronauti e calciatori... Nessuno si prenderebbe la briga di lavorare per anni come muratore, insegnante o cameriere. Capisci cosa intendo?».

Mio caro lettore, non condivido in pieno questo pensiero. Conosco calciatori stressati dal percorso sportivo che hanno intrapreso, influencer che pagherebbero oro per stravolgere la propria vita e impiegati di banca profondamente insoddisfatti. Io credo che ognuno di noi possa rendersi utile. La vera sfida sta nell'avere il coraggio di puntare su ciò che amiamo fare, indipendentemente dai giudizi della gente. Non rimproverarti se senti di non adattarti all'ambiente in cui ti trovi in una fase specifica della tua vita. Potresti scoprire che le tue vocazioni sono diverse da quelle solitamente definite «tradizionali». Magari hai l'animo di un freelance digitale, di un imprenditore avanguardista, di un medico appassionato, di un video-editor con mille idee per la testa ecc.

Non combattere le tue passioni, ma trova il modo di monetizzarle. Il segreto sta nell'intercettare la fetta di mercato che potrebbe aver bisogno dei tuoi servizi, così da metterti in contatto con una prima rete di potenziali acquirenti. Dopo aver formato il nucleo del tuo network, mettiti alla prova senza timore di sbagliare. Se riuscirai a sfruttare a tuo vantaggio il potere dell'assertività apprenderai come farti rispettare – *e pagare, ahimè* – in perfetto orario!

Il (vero) motivo per cui non riesci a dimagrire

Mio caro lettore, non essere pedante. Puoi anche avere una forma fisica invidiabile, ma sono certo che nascondi qualche vizio nell'armadio: sei un fumatore incallito, spendi troppo in abbigliamento (che poi parcheggi nel guardaroba per anni) oppure sei un procrastinatore DOC? Qualunque sia il tuo «tallone d'Achille» - e non ti credo se rispondi «nessuno» - sono qui per dimostrarti che la forza di volontà non ha nulla a che vedere con le *bad habits*, come le chiamano gli inglesi. La nostra routine quotidiana è simile alle montagne russe: gli alti e i bassi si susseguono costantemente, rendendoci più o meno assertivi, più o meno soddisfatti di ciò che stiamo facendo per noi stessi. Ad esempio, se il tuo peso è superiore alla media, avrai senza dubbio cercato di tenere traccia delle calorie che consumi e immetti nell'arco della giornata, così da capire come dimagrire e dove intervenire. Se poi sei fermamente deciso a perdere peso, il successo della dieta è quasi evidente! Sei certo di riuscire nell'intento e di liberarti dei chili di troppo in un batter d'occhio. *Sarà davvero così?* La risposta – come spesso accade – è: dipende. Dipende se la tua tendenza a consumare pasti fuori orario abbia delle radici ansiogene e se esiste una correlazione tra la tensione che accumuli sul posto di lavoro e il modo in cui assumi il cibo. Capisci cosa intendo? Quando settiamo un obiettivo da raggiungere. Ci dimentichiamo troppo spesso della componente irrazionale. Se non valutiamo con attenzione il ruolo che l'inconscio esercita sulle nostre vite, finiamo per fissare dei traguardi che sì, sembrano logici e semplici da raggiungere... *ma da un robottino!* Noi esseri umani siamo determinati non soltanto dalle proiezioni nel futuro, ma anche dagli eventi precedenti: il passato. Di conseguenza, potresti scoprire che l'assunzione di pasti e cene più corposi del dovuto abbia una radice mentale profondamente radicata in un evento della tua storia (remota o recente, spesso l'inconscio sa proprio sorprenderci). Cosa accade, quindi? La nostra assertività – quella di cui ci serviamo per sentirci integri e coerenti – tende a vacillare e ci rende insicuri in ogni ambito delle nostre vite. Lo so, potresti credere che il «tipo assertivo» abbia soltanto un ottimo bagaglio linguistico (tecniche e «formule magiche» per farsi rispettare dagli altri), ma ti assicuro che non è così! Se anche ti consigliassi come essere più simpatico, cosa dire sul posto di lavoro e

in che modo conquistare il cuore della tua fiamma...
sarebbe un fiasco totale!

Lavorare sulla capacità di portare a termine gli obiettivi che ti sei prefissato, invece, consente di massimizzare le chance di successo in ogni ambito della tua vita. Immaginiamo tu voglia perdere peso. Due sono le possibilità: A) si individuano gli elementi ansiogeni che ti spingono a consumare più cibo del dovuto; questi ultimi vengono prontamente ridimensionati e/o eliminati. Oppure, B) impari ad accettare le tue manifestazioni emozionali, riconosci il circolo vizioso in cui sei caduto e sostituisci l'azione del mangiare con attività positive e più gratificanti. Attenzione, però: non cadere nell'errore di credere che i «compromessi sostitutivi» debbano imporre un grado di compiacimento <u>minore</u> dell'abbuffata di zuccheri. Il tuo obiettivo è trovare azioni che siano in grado di renderti felice e soddisfatto in modo pari (o possibilmente superiore) rispetto al consumo di cibo fuori orario. *Tutto chiaro?*

In uno scenario di questo genere, sarebbe errato attribuire la tua iper-alimentazione alla mancanza di forza di volontà. Tu ce la metti tutta, ma c'è una componente irrazionale e incontrollabile che ti spinge fuori strada. Di conseguenza, la priorità che devi porre a te stesso è il riconoscimento dello stato mentale – cioè dello schema comportamentale – che si nasconde dietro la tua cattiva abitudine. Dopo averlo riconosciuto e compreso, puoi agire in uno dei due modi summenzionati. Elimini gli stimoli che ti spingono ad adottare comportamenti sproporzionati, oppure sostituisci l'azione negativa con un'alternativa benefica e ugualmente soddisfacente.

Un ultimo consiglio: non giustificare il tuo comportamento in nessun modo. Non ripeterti: «vorrei tanto smettere di mangiare fuori dai pasti principali, ma sai com'è... L'ansia me lo impedisce! È un periodo davvero delicato sul posto di lavoro!» Non ha alcuna importanza! Se parlerai a te stesso e di te stesso in questo modo, ti ritroverai impantanato in un circolo di condizionamenti senza uscita.

L'ho riassunto qui di seguito:

stimolo – risposta emozionale negativa – comportamento sbagliato e dannoso – autogiustificazione della risposta emozionale e del comportamento inadeguato

Trasportare le considerazioni a tema «alimentazione» sul mondo del lavoro e degli affetti non è compito arduo. Lo schema è sempre lo stesso! Perdiamo la pazienza in ufficio e aggrediamo verbalmente il nostro vicino di scrivania. La nostra risposta emozionale è sproporzionata e il comportamento che ne deriva sbagliato. Eppure, giustifichiamo prontamente le nostre intenzioni con un «è logico che mi arrabbi se lui non prepara i documenti in tempo».

No, assolutamente no! Non è logico attaccare un collega con scoppi d'ira fuori controllo, così come non è logico battere i piedi sul pavimento quando il treno è in ritardo – *ricordi? Te ne ho parlato nei capitoli precedenti.* Ripeti a te stesso il mantra: *«se si ripresenterà una situazione simile, gli parlerò con calma e vedrò di non arrabbiarmi».* Allo stesso tempo, l'espressione tristemente comune «è colpa di x che mi ha fatto arrabbiare» nasconde l'ennesima logica esternalista – ovverosia proiettata su ciò che fanno gli altri – al fine di giustificare comportamenti inadeguati. Non è la persona x che ti ha fatto arrabbiare, se tu che ti sei arrabbiato e hai perso il controllo. Ancora una volta, tieni a mente che *«se provo disagio e sto male con me stesso, la colpa è soltanto mia».* È il modo migliore per ricalibrare il *point of view* sul tuo mondo interiore, smettendola di puntare il dito contro le persone che ti circondano sul posto di lavoro, in famiglia o nel tuo gruppo di amici.

Capitolo 6 – Qual è il tuo stile comunicativo?

Mio caro lettore, nel Capitolo 1 ti ho suggerito di modificare il comportamento non verbale al fine di migliorare la tua assertività. Ti ho anche ricordato di aver scritto un manuale sull'argomento **LINGUAGGIO DEL CORPO 3.0** - MANUALE COMPLETO SULLA COMUNICAZIONE NON VERBALE. TECNICHE PRATICHE PER DECIFRARE, IN POCHI SECONDI, LE ESPRESSIONI, I GESTI E I MOVIMENTI DELLE PERSONE, che ti consentirà di seguire un percorso guidato graduale e step by step. Non avrai bisogno di particolari prerequisiti per dare il meglio di te stesso <u>fin da subito</u>. Tuttavia, nelle pagine precedenti ti ho dimostrato che le abilità somatiche non sono sufficienti: è necessario possedere delle ottime e solide skills linguistiche per potenziare drasticamente ogni sfera della tua vita sociale. Inoltre, ti ho parlato di due «tipi comunicativi»: il passivo e l'aggressivo. Ti ho dimostrato che gli individui possono iper-reagire in modo assai diverso gli uni dagli altri, spesso adducendo la colpa delle proprie azioni ad altre persone. In questo capitolo-questionario, desidero fornirti qualche strumento utile per conoscere te stesso.

Lo so, senti di aver già individuato i tuoi punti deboli!

Eppure, ti assicuro che lo studio degli schemi comportamentali è ben più complesso di quanto sembri. Ti basta sapere che un percorso di psicoanalisi – la disciplina fondata sulla scoperta dell'inconscio a opera di Sigmund Freud, medico viennese vissuto nella prima metà del Novecento – ha un durata davvero elevata: oscilla tra i 3 e i 10 anni. Alcuni soggetti sono così tanto interessati alle manifestazioni irrazionali – una tra tante, il significato dei sogni – da tentare di fare chiarezza sul proprio mondo interiore dalla giovinezza all'età adulta. Non preoccuparti: anche qualora l'idea di stenderti sul divano di uno psicoanalista per raccontare i «fatti tuoi» non stuzzichi la tua fantasia, puoi sempre usare degli strumenti efficaci per gettare luce sulle profondità della tua psiche. In questo capitolo, di conseguenza, ti parlerò del *16 Personalities Test*[1]. Prima di ritagliarti 10 minuti del tuo tempo, però, permettimi di contestualizzare che cos'è (e perché è utile) l'Indicatore Myers-Briggs.

Quest'ultimo viene spesso abbreviato MBTI ed è lo strumento mediante cui individuare una catena di caratteristiche personologiche presenti nella stragrande maggioranza degli individui, con tassi di efficacia straordinariamente elevati. L'MBTI ha ispirato il test delle *16 Personalities* ed è stato ideato dai Katherine Cook Briggs e la figlia Isabel Briggs Myers. Le due ricercatrici cominciarono a raccogliere materiale nel corso della

---

[1] Lo trovi disponibile *gratuitamente* a questo link:
https://www.16personalities.com/it/test-della-personalita-gratis

Seconda Guerra Mondiale al fine di aiutare le donne che erano chiamate a entrare nel mondo dell'industria per la prima volta. Con i mariti al fronte, la forza lavoro era destinata a ricevere un forte scossone. È proprio per questo motivo che le Briggs decidono di ideare un questionario di facile compilazione che sottolineasse l'importanza delle differenze caratteriali di ogni individuo. Al giorno d'oggi, la fama del test *16 Personalities* ha scopo prevalentemente ludico; viene usato da curiosi e appassionati di psicologia. Tuttavia, la validità scientifica dell'indicatore MBTI non ha subito grandi cambiamenti: l'essere umano contemporaneo è mosso dagli stessi istinti delle donne e degli uomini del Novecento. È vero: il mondo esterno cambia alla velocità della luce, ma in nessun modo è in grado di modificare il nostro sistema di credenze e convinzioni, impulsi e pulsioni radicato in profondità fin dal giorno zero.

Curioso di saperne di più?

Le quattro dicotomie e le attitudini dell'MBTI

Il termine dicotomia fa riferimento alla contrapposizione di due poli opposti: «bianco e nero», «su è giù», «notte e giorno», «buono e cattivo». Ora, saprai meglio di me che il mondo a noi contemporaneo è più complesso e variegato di quello che ci viene narrato nelle favole per bambini. Non esistono situazioni estreme, bensì milioni di sfumature che si avvicinano a una delle due polarità. Il test delle *16 Personalities* deve la sua organizzazione vincente all'utilizzo di quattro coppie di opposti. Li ho riassunti qui di seguito:

- Estroversione – Introversione
- Ragionamento – Sentimento
- Giudizio – Percezione
- Sensitività – Intuizione

Per guidarti nella comprensione del risultato che otterrai, ci tengo a precisare che ogni elemento viene indicato con una lettera. Quest'ultima rappresenta l'iniziale del nome inglese di ogni dato fattore.

- Estroversione (E)
- Introversione (I)

- Sensitività (S)

- Intuizione (N)

- Ragionamento (T)

- Sentimento (F)

- Giudizio (J)

- Percezione (P)

Le combinazioni degli elementi summenzionati dà vita a 16 identikit che puoi facilmente reperire sul sito ufficiale, alla pagina «Tipi di Personalità». Se hai una discreta conoscenza dell'inglese, ti suggerisco di visitare lo stesso sito in lingua originale. Le descrizioni sono più accurate rispetto a quelle tradotte in italiano. Sul versante della comunicazione assertiva, devi sapere che i profili INFJ-A e INFJ-T sono quelli che caratterizzano i cosiddetti «diplomatici». Persone che sanno come disinnescare i conflitti con gli interlocutori e che fanno di tutto per far valere la propria opinione senza minimizzare quella altrui. Discorso analogo vale per gli ENFJ-A- e gli ENFJ-T: leader naturali che si distinguono per carisma e self-control. Ipnotizzano gli interlocutori con le loro abilità linguistiche e sanno sempre cos'è meglio per il team.

Infine, tra i «tipi assertivi» per eccellenza spiccano anche alcuni ENTJ-A e ENTJ-T: appartengono alla categoria in questione tutti i leader coraggiosi e determinati, coloro che non si tirano mai indietro dinanzi a sfide imprenditoriali e lavorative. Ora, non cadere nell'errore di credere che tutti gli altri siano «dei buoni a nulla». Esistono tantissimi artisti, esploratori, attivisti, avventurieri e intrattenitori che possono migliorare le proprie competenze interpersonali facendo affidamento sui consigli contenuti nelle pagine precedenti. Costoro sono semplicemente «assertivi di secondo grado», individui che hanno trasformato le debolezze in rinnovati punti di forza. Perché sì, anche un introverso DOC può diventare un leader capace di farsi rispettare!

Ti lascio al test basato sull'Indicatore Myers-Briggs! ti ricordo di rispondere in modo diretto e spontaneo, senza riflettere troppo su ogni domanda. Maggiore sarà l'approccio inconscio ed emozionale all'MBTI, più accurati saranno i risultati ottenuti.

Non è finita qui! Nel prossimo paragrafo ti spiego come migliorare il tuo carattere partendo dai dati freschi di test.

Il ruolo dell'osservazione nella trasformazione caratteriale

Mio caro lettore, hai finalmente ottenuto il tuo risultato? Ottimo!

Non cantare vittoria troppo rapidamente perché la vera sfida comincia adesso. Molto spesso, le persone si limitano a mettere in luce il fattore caratteriale *x* o *y*, senza agire attivamente su di esso. In altre parole, sapere di non avere buon gusto in fatto di abbigliamento, non è sufficiente per abbinare la cravatta alla tonalità dell'abito. *Capisci cosa intendo?* È necessario compiere un passo ulteriore. Dobbiamo intervenire in modo mirato per apprendere tutte le competenze in cui ci sentiamo carenti. Presta molta attenzione a quello che sto per dirti, perché farà tutta la differenza di questo mondo: ogni volta che affrontiamo una situazione inaspettata, viviamo sempre *un prima, un durante e un dopo*. Se riconosciamo che le nostre difficoltà caratteriali si concentrano in una delle tre fasi, possiamo intervenire e tentare un cambiamento radicale.

Mio caro lettore, riesco quasi a intuire quali pensieri ti frullano per la testa: «ma non rischio di trasformarmi in un robot? In questo modo, perdo tutta la mia spontaneità!». Tuttavia, gli eventi della vita ci stravolgono costantemente: non ce ne rendiamo conto, ma il nostro comportamento è sempre soggetto a trasformazioni e rinnovamenti. Un trauma, un evento inatteso, la perdita di una persona cara o una proposta di trasferimento improvvisa apre nuovi scenari attitudinali e modifica l'approccio con cui ci relazioniamo agli altri. L'unica differenza, in questo caso, è che siamo proprio noi a guidare la rivoluzione in prima persona. Non subiremo il cambiamento, ma lo governeremo in modo attivo!

Prima di continuare, ti suggerisco di mutare il mantra «farò il possibile per cambiare» in «<u>devo cambiare</u> per stare meglio con me stesso». L'idea di «provare», di «tentare» la via della comunicazione assertiva nasconde un piccolo-grande problema: il «tipo assertivo» è sicuro di sé e degli obiettivi che intende raggiungere. Lui/lei emette dei comportamenti chiari e definiti, coerenti alla situazione in cui agisce. D'altro canto, il passivo è solito tentennare, dubitare dei potenziali risultati e girare alla larga dalle sfide che la vita gli pone davanti. Sebbene voglia mettersi in gioco, non riesce a gestire gli stimoli mentali contrastanti e, alla fine, si lascia vincere dalla timidezza e dal senso di inadeguatezza sociale. Di conseguenza, *o cambi o non cambi*: non esiste alcun tentativo di cambiamento intermedio. Il dovuto preambolo serve per stravolgere la tua esistenza in meglio. Recupera i dati del test *16 Personalities* e cerca di capire a quale tipologia di comunicatore appartieni. Non essere frettoloso, ma ragiona con oggettività e distacco. Potresti scoprire che una qualità e/o un difetto che ti attribuisci di frequente non trova alcun riscontro nella realtà.

Il comportamento passivo in pillole

Sei un «tipo passivo» se ti rivedi almeno in cinque delle affermazioni seguenti:

- Subisci il giudizio e il parere degli altri

- Fai difficoltà a fare e ricevere complimenti, nonché a ringraziare gli altri mettendo in mostra i tuoi veri sentimenti.

- Fai fatica a dire di no e tempi di risultare scortese.

- Dipendi dal giudizio delle persone che ti circondano e sei alla costante ricerca di un'approvazione sociale.

- Non riesci a prendere decisioni quando non ti senti supportato da individui che stimi.

- Le poche volte in cui rispondi a tono, vieni divorato dai sensi di colpa. Il pensiero dominante è: «non so cosa mi sia accaduto. Non mi riconosco più!».

- La presenza di sconosciuti nelle immediate vicinanze provoca reazioni di disagio abnorme.

- Ritieni che i tuoi colleghi di lavoro, gli amici e i familiari siano migliori/più bravi di te.

Il comportamento aggressivo in pillole

Sei un «tipo aggressivo» se ti rivedi almeno in cinque affermazioni seguenti:

- Imponi agli altri un'opinione che *tu* reputi giusta.

- Non ammetti di poter fallire e sei solito scaricare la responsabilità dei tuoi sbagli sulle persone che ti circondano.

- Prendi decisioni che coinvolgono altri soggetti senza chiedere il parere degli interessati.

- Non presti attenzione alle altre persone mentre parlano.

- La parola «scusa» non fa parte del tuo vocabolario. I tuoi comportamenti, infatti, sono sempre impeccabili.

- Nella stragrande maggioranza dei casi, difendi le tue posizioni ingenerando senso di colpa nei tuoi interlocutori. Un esempio? *«Credi davvero che io...? Mi stupisci!»*.

- Interrompi la controparte e le impedisci di portare a termine qualsiasi intervento professionale o affettivo.

- Ti reputi «migliore degli altri», ma fai fatica a stabilire in *cosa*.

- Sei iper-critico e iper-colpevolizzante nei confronti delle persone che gravitano nella tua stessa cerchia sociale.

Il comportamento assertivo in pillole

Sei un «tipo assertivo» se ti rivedi almeno in cinque affermazioni seguenti:

- I giudizi non ti riguardano: sei in grado di accettare il punto di vista delle altre persone senza criticare o provare frustrazione.

- Stai bene attento al fatto che gli altri non manipolino le tue idee e i tuoi comportamenti.

- Ti piace collaborare: il gioco di squadra rende ogni progetto meritevole di essere concretizzato!

- Sai valutare le tue abilità in modo adeguato. Quando la controparte è più capace e professionale di te, non manchi mai di chiederle una mano.

- Sei in grado di comunicare le tue sensazioni e le tue emozioni in modo onesto e schietto.

- Non hai bisogno che gli altri ti adulino con comportamenti finti. Preferisci un «vero no» a un «finto sì».

- Sei pronto a cambiare la tua opinione senza scadere nell'opportunismo.

- Sei un abile ascoltatore ma prendi le tue decisioni in modo autonomo e non condizionato.

- Non hai bisogno di far sentire i tuoi interlocutori «inferiori» al solo scopo di guadagnare autostima e autorevolezza.

- Le persone ti considerano un leader naturale e tu continui a chiederti «sarà davvero così?».

In conclusione, sappi che è un vero piacere trascorrere del tempo con il «tipo assertivo». Lui/lei si rivela un ottimo partner, un abile oratore e un individuo dotato di spiccata curiosità. Il suo sguardo lucido e disincantato sul mondo lo rende spesso prezioso per le aziende, ma il suo valore supera anche la più rosea aspettativa: è in grado di disinnescare gli scoppi d'ira dei «tipi aggressivi» e libera il potenziale inespresso dei «tipi passivi» con il suo atteggiamento benevolo e stimolante. *È il jolly di cui tutti noi abbiamo bisogno per essere persone migliori!*

Capitolo di approfondimento – Come padroneggiare le basi della comunicazione assertiva?

Mio caro lettore, ho concluso il capitolo precedente con un'affermazione: trascorrere il tempo con un «tipo assertivo» è un vero piacere. Tuttavia, non credere sia semplice trovare la tua «anima gemella» della comunicazione. Gli assertivi sono una razza in via di estinzione! Se ne incontrano pochi, anzi pochissimi. Eppure, tutti lasciano un segno tangibile nella vita dei loro interlocutori. Se vuoi ripopolare la specie e uscire dal circolo vizioso della passività e dell'aggressività, ho una buona notizia per te. Nelle prossime pagine, ho scritto un breve approfondimento <u>pratico</u> ispirato ad alcune slide proiettate nel corso di una conferenza tenuta davanti a un uditorio di studenti, ormai qualche anno fa. Sia chiaro, non è mia intenzione esaurire il vasto universo dell'assertività con pochi consigli sparsi. Tuttavia, credo sia importante navigare con un faro che indica la via da seguire, quantomeno se sei agli inizi del tuo percorso di miglioramento. Mettiti comodo, prendi un taccuino e/o un *quadernino dell'assertività* e rispondi al test senza sentirti sotto pressione.

- Descrivi una situazione in cui ti sei trovato ieri.
- Hai provato disagio? Qual è stato l'elemento che ha ingenerato la risposta passiva? Prova a numerare, su una scala da 1 a 10, quanto forte è stata la reazione percepita; 1 corrisponde al minimo, 10 al massimo grado di inadeguatezza.

- Analizza il comportamento che hai emesso per limitare il disagio. È stato vincente? In che modo ha condizionato la tua esperienza?

- Chiudi gli occhi e immagina l'azione che avresti voluto emettere se fossi riuscito a combattere il senso di inadeguatezza / timidezza. Il tuo cervello elaborerà una risposta vincente da usare in futuro!

Ripetendo l'esercizio almeno 1 volta al giorno per 14 giorni, saremo in grado di valutare il nostro stile di comunicazione in ogni istante della giornata.

Un esempio?

Il nostro coinquilino ci contraddice e ci ricorda che non ha intenzione di tollerare il nostro atteggiamento *x*. La reazione più comune ci porta a vivere frustrazione, rabbia e vergogna. Non amiamo essere zittiti da un *so tutto io!* Di conseguenza, rivolgiamo all'interlocutore un'occhiataccia e, dopo averlo liquidato con un sorriso di scherno, gli rinfacciamo quella lontana volta in cui «hai fatto accumulare chili di spazzatura in balcone. Non mi venire a far la morale, dai!». Il risultato? Abbiamo irrimediabilmente incrinato il nostro rapporto di *coinquilinaggio*.

Come avremmo potuto reagire? In che modo l'assertività può *salvare il salvabile?*

Il nostro coinquilino ci contraddice e fa leva su una debolezza che sappiamo di avere: il comportamento x (disordine, poca igiene in cucina, pigrizia, animale domestico che scorrazza per casa senza controllo ecc.). Ma questa volta non avvertiamo disagio: sappiamo che è un suo diritto esprimere un'opinione senza essere sbranato vivo da una raffica di risposte aggressive. Gli diciamo: «capisco che la pensi in questo modo, ma sappi che io resto della mia opinione. Secondo me...». In questo modo, siamo in grado di disinnescare la bomba e di ascoltare le idee altrui senza giungere a conclusioni affrettate (ed errate).

Discorso analogo vale in occasione di un importante meeting d'affari. Siamo invitati in un ambiente professionale in cui ci saranno molti sconosciuti, e l'idea ci rende estremamente nervosi. Arrivati in sala, notiamo che i pochi colleghi a noi noti stanno dialogando con altre persone mai viste prima. Il disagio s'impossessa di noi e il pensiero dominante diventa: «per l'amor del cielo! Chi me l'ha fatto fare? Parteciperò agli eventi sociali soltanto quando saranno pieni di visi amici!». Tuttavia, il «tipo assertivo» affronta il disagio a testa alta – *sì, perché l'assertività non mette in standby le nostre emozioni e non ci trasforma in automi!* – e si avvicina al gruppo per prestare attenzione ai discorsi degli altri. Quando qualcuno gli rivolgerà la parola, si presenterà con un linguaggio del corpo aperto e bendisposto, tendendogli la mano e agganciandosi a quanto detto in precedenza. Nel momento in cui il senso di inadeguatezza tenderà a ridursi, l'assertivo DOC si inserirà nella discussione senza prevaricare per farsi ascoltare a tutti i costi.

Come individuare lo stile di comunicazione delle altre persone?

Il modo migliore per dare il giusto sprint alla nostra assertività consiste nell'interagire con il più elevato numero di persone al fine di comprendere la natura del loro comportamento. Aggressivo, passivo o assertivo? Nel momento in cui discriminiamo gli schemi attitudinali degli altri, impariamo *come reagire nel modo più efficace.* Le occasioni della quotidianità sono una vera e propria *enciclopedia della comunicazione* tra due o più parlanti: è sufficiente analizzare la reazione di un amico al nostro eventuale ritardo, il linguaggio corporeo del partner in caso di dimenticanza o il modo in cui stiamo in silenzio qualora prestiamo una penna al nostro compagno di studi e non gliela richiediamo indietro per la troppa vergogna. Esistono milioni di semplici esempi che consentono di intuire il comportamento nostro e altrui: ti raccomando di appuntare gli eventi meritevoli di attenzione sul tuo personale *diario dell'assertività.* Sarà molto interessante tornare indietro con la memoria quando avrai finalmente sviluppato un atteggiamento sicuro e propositivo!

Conclusioni

Mio caro lettore, grazie per avermi tenuto compagnia fino alla fine di questo viaggio assertivo. Mi auguro che le tecniche contenute nei paragrafi precedenti ti siano utili nel corso della vita quotidiana e siano il pretesto per ragionare con te stesso... *su te stesso!* Se così fosse, sarebbe grandioso se lasciassi una recensione su Amazon, l'e-commerce numero 1 al mondo, per aiutarmi a diffondere il mio piccolo contributo con il più elevato numero di lettori. Infine, ti ricordo di dare un'occhiata agli altri numeri della collana: **LINGUAGGIO DEL CORPO 3.0**

- MANUALE COMPLETO SULLA COMUNICAZIONE NON VERBALE. TECNICHE PRATICHE PER DECIFRARE, IN POCHI SECONDI, LE ESPRESSIONI, I GESTI E I MOVIMENTI DELLE PERSONE e **PSICOLOGIA OSCURA 3.0** - MANUALE COMPLETO SU COME ANALIZZARE LE PERSONE E DIFENDERSI DALLA MANIPOLAZIONE MENTALE. I SEGRETI DELLA PSICOANALISI. Sono il completamento di quanto approfondito nel testo che stringi tra le mani.

In conclusione, ci tengo a ribadire ancora una volta che non esistono stili comunicativi giusti o sbagliati in assoluto: essere un «tipo assertivo» non ti rende esente dalla rabbia o dal disagio che nutri in situazioni sociali avverse. L'essere umano <u>deve</u> provare sulla propria pelle emozioni sia positive sia negative per conoscere sé stesso e i suoi limiti. Togliti dalla testa l'idea di diventare un monaco zen imperturbabile, e lascia che sia l'esperienza a fornirti gli strumenti di cui hai bisogno per trasformarti nella migliore versione di te stesso. Per dirlo con le parole dello scrittore Paulo Coelho: *«un guerriero responsabile non è quello che si prende sulle spalle il peso del mondo. È colui che ha imparato ad affrontare le sfide del momento».*

Grazie di tutto,

Nicola Carbone